Mira cómo crecemos

HOUGHTON MIFFLIN   BOSTON

Contenido

TEKS **1.3A** decodificar las 5 vocales; 1.3B decodificar sílabas; **1.3E(1i)** decodificar palabras en contexto incluyendo sílabas abiertas; **1.3E(2ii)** decodificar palabras en contexto incluyendo sílabas cerradas

Fonética

Palabras con ia, ua, ue Lee cada palabra. Luego, usa dos palabras en una oración.

| piano | puente | cuadro |
| familia | estatua | nueve |

En la costa

por Jared Chiang

La costa es dónde se encuentran el mar y el suelo. Leo vive en la costa. Por la noche, puede mirar por la ventana y ver el agua.

Mamá, Leo y Tania van de paseo
a la costa. Mamá recita un poema
sobre las olas.

4

Tania trae una toalla a la
costa. Busca la mejor concha para
su abuela.

Tania encuentra muchas conchas.
La estrella de mar es la más
especial.

Leo ve un cangrejo volverse a
asomar de su concha. El cangrejo
cava y busca su comida. Al crecer,
encuentra nuevas conchas para habitar.

Leo y Tania ven aves que no
están en un árbol. Las aves pasean
sobre la arena mojada. Muchas más
aves se acercan a buscar comida.

Una criatura podría tener un nido
en esta duna. Leo y Tania no van a
pisar la duna. Las cercas guardan
los nidos hasta que nazcan las crías.

9

A Leo le gusta decir que va a ser un buen marinero. Va a viajar lejos. Después, va a regresar a su casa en la costa.

TEKS 1.9A describir la trama/volver a contar los eventos de una historia; **CL1E** volver a contar/actuar sucesos importantes en las historias; **1.3D** decodificar la "y" cuando se usa como conjunción

Contar de nuevo

Sucesos Éstos son tres sucesos del texto "En la costa".

> - Tania encuentra muchas conchas de mar.
> - Mamá, Leo y Tania van de paseo a la costa.
> - Tania busca la mejor concha de mar para su abuela.

Trabaja con un compañero para ordenar los sucesos.

TEKS **1.3A** decodificar las 5 vocales; **1.3B** decodificar sílabas; **1.3E(1i)** decodificar palabras en contexto incluyendo sílabas abiertas; **1.3E(2ii)** decodificar palabras en contexto incluyendo sílabas cerradas

Fonética

Palabras con ia, ua, ue Lee el párrafo. Luego, elige la imagen que se relaciona con el texto.

Cada vez que puede, Mariana viaja con su perra, Luana. Son buenas amigas.

El papel de Juan

por Jay Griffin
ilustrado por Adjoa Burrowes

—¡Tengo un papel especial en la
obra de teatro de la escuela! —gritó
Juan—. Actuaré como un perrito.

13

—Cuatro niños y yo llevaremos
máscaras y capas. Marcharemos
a la tarima y ladraremos.
Entonces representaremos nuestros
papeles —dijo Juan.

—Puedes leer tu parte para
practicar —dijo María, su tía.

Juan montaba en bicicleta y practicaba su diálogo. Un gato saltó desde detrás de un árbol. Juan no pudo evitar caerse con fuerza al suelo. Cuando se paró, el brazo le dolía.

Juan tenía un dolor fuerte en el brazo porque se había lastimado la muñeca. El médico le puso un yeso. Pronto estaría mejor.

Juan tuvo que aprender a hacer
todo con la mano izquierda.

—¿Puedes escribir? —preguntó
Diana.

"A lo mejor con mi mano
izquierda", pensó Juan.

—Creo que serás un héroe si
representas tu papel así —dijo
Joaquín.

La noche de la obra de teatro,
Juan llevaba la máscara y la capa.

—¿Cómo me vas a reconocer?
—preguntó Juan.

—Reconozco tu ladrido —dijo
María, su tía, con una sonrisa.

Cinco niños marcharon hacia la
tarima. No fue difícil ver cuál era Juan.

TEKS 1.1A reconocer que las palabras habladas se representan en forma impresa; **1.5** leer en voz alta con expresión/fraseo apropiado/comprensión; **1.26** crear una exposición visual/dramatización; **1.3J** decodificar palabras que tengan acento ortográfico

Palabras escritas

Palabras habladas   Las palabras escritas son una manera de mostrar lo que se dice. Lee este diálogo con un compañero.

> **Claudia:** —Me lastimé el brazo.
>
> **Juan:** —¿Puedo escribir mi nombre en tu yeso?
>
> **Claudia:** —Sí, adelante. ¿Crees que aún puedo hacer mi papel en la obra?
>
> **Juan:** —Claro que puedes… ¡Sólo debes ladrar como un perro!

Represéntalo   Trabaja con un compañero para representar el diálogo.

TEKS 1.3A decodificar las 5 vocales; 1.3B decodificar sílabas; **1.3E(1i)** decodificar palabras en contexto incluyendo sílabas abiertas; **1.3E(2ii)** decodificar palabras en contexto incluyendo sílabas cerradas

Fonética

Palabras con ia, ua, ue

Lee todas las palabras. Señala y lee solo las palabras con **ia**, luego las palabras con **ua** y por último las palabras con **ue**.

TIENDA DE PALABRAS

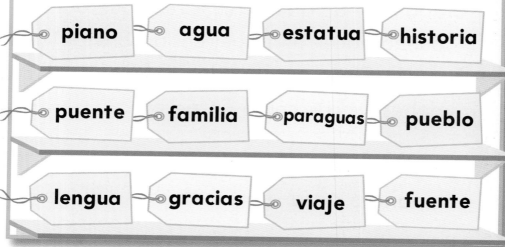

| piano | agua | estatua | historia |

| puente | familia | paraguas | pueblo |

| lengua | gracias | viaje | fuente |

22

Correr y correr

por Melissa Rothman

ilustrado por John Hovell

El papá de Manuel corría a la
orilla del agua. Papá corría y corría.

Manuel miraba por la ventana.
Manuel se puso a pensar: "Cuando
sea mayor, correré igual que Papá.
Seré el mejor".

Una noche, Manuel y su papá fueron de compras. Manuel deseaba ser atleta. Así que compró la ropa adecuada.

Papá le preguntó a Manuel si
desearía correr con él.

—Por supuesto —dijo Manuel y se
puso su nueva ropa.

Cada fin de semana, Manuel
corría con su papá. Un día, Manuel
se puso a leer un letrero en un árbol.
Decía: "Carrera de héroes, para
padres y cachorros".

—¿Deseas participar en la carrera? —preguntó Papá.

—¡Sí, realmente sí! —dijo Manuel—. Me volvería loco de contento.

El día de la Carrera de héroes,
Manuel llevaba su ropa especial. Su
mamá, Joana, fue a ver y a vitorear.

La carrera fue más divertida de lo que Manuel esperaba.

—¡Vamos a correr de nuevo! —gritó Manuel después de la carrera.

—Bueno, ¿pero por qué no esperamos hasta el fin de semana? —dijo Papá.

TEKS **1.13** identificar el tópico/explicar el propósito del autor; **1.19B** escribir cartas breves; **1.19C** escribir comentarios breves de textos

Información sobre el libro

Autores Un autor o autora es una persona que escribe cuentos. ¿Quién escribió el cuento "Correr y correr"? Señala el nombre de la autora.

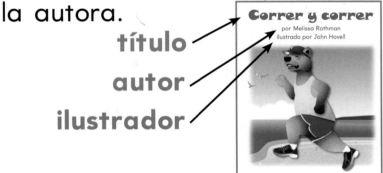

título →
autor →
ilustrador →

Escribe una carta breve

Escribe una carta breve a la autora para decirle si te gustó el cuento y explicarle por qué.

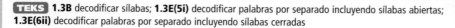**TEKS** 1.3B decodificar sílabas; **1.3E(5i)** decodificar palabras por separado incluyendo sílabas abiertas; **1.3E(6ii)** decodificar palabras por separado incluyendo sílabas cerradas

Fonética

Palabras con io, iu, ie

Lee las palabras para subir y bajar por el muro. Señala y lee el diptongo en cada palabra.

silencio

triunfo helio

labio palacio

ciudad diente

patio edificio

Mira los pájaros

por Susie Dietz

Mira este pájaro posado en una rama. Tiene un canto melodioso. Pío, pío, pío. Gorjea un canto bonito.

Es otoño. El pájaro que está en
el árbol encontrará mucha comida.
Come y come hasta que se llena.

A principios del invierno, es difícil
encontrar comida. Este pájaro
encuentra comida bajo la nieve.

Es la primavera en la ciudad.
Este pájaro ha hecho un nido con
ramitas, lodo y hierba. Luego se
sienta en silencio.

Este nido no está vacío. Hay
cuatro huevos allí que están fuera
de peligro. Las crías se sienten
cómodas dentro de los huevos.
Nada les pasará.

La primera cría triunfa y quiebra
el cascarón. No puede ver, pero
puede piar.

Las cuatro crías de este nido
se animan cuando su madre les
trae comida.

La cría es ahora un pájaro joven,
pero todavía tiene menos de un
año. Va a empezar a parecerse a
su mamá. Va a aprender a hacer su
propio nido y tener sus propias crías.

TEKS 1.5 leer en voz alta con expresión/fraseo apropiado/comprensión; **1.9A** describir la trama/volver a contar los eventos de una historia; **CL1E** volver a contar/actuar sucesos importantes en las historias

Cuenta de nuevo

Leamos juntos

Orden de los sucesos Vuelve a leer "Mira los pájaros". Presta atención a los sucesos que ocurren en cada estación del año. Completa la siguiente tabla. Te ayudará a volver a contar los sucesos en orden.

otoño	invierno	primavera

TEKS **1.3B** decodificar sílabas; **1.3E(5i)** decodificar palabras por separado incluyendo sílabas abiertas; **1.3E(6ii)** decodificar palabras por separado incluyendo sílabas cerradas; **1.3J** decodificar palabras que tengan acento ortográfico

Fonética

Palabras con io, iu, ie Lee las oraciones. Di qué dibujo se relaciona con cada oración. Luego, vuelve a leer las oraciones. Señala y lee las palabras con los diptongos **io**, **iu** o **ie**.

1. Rosario tiene una falda bonita.

2. La ciudad tiene un árbol nuevo.

3. Varios pájaros viven en este sitio.

42

Zorro y Cuervo

reescrito por Melissa Rothman
ilustrado por Tom Sperling

Cuervo estaba posado en un
árbol. Vio un racimo de uvas abajo.

43

A Cuervo le gustaban las uvas.
Fue hasta donde estaban. Agarró
las uvas con su pico. Luego Cuervo
volvió a su rama en el abedul.

Zorro llegó al árbol. Estaba muy
hambriento. Parecía que no había
comido en todo un año.

"Eres muy listo", se dijo Zorro.
"Haré que esa ave hable para que
deje caer las uvas".

Zorro le preguntó a Cuervo:

—¿Cómo te llamas?

Cuervo no le respondió y le dio la
espalda. No quería dejar caer sus uvas.

46

Luego Zorro le preguntó: —¿Cómo estás? ¿Bien?

Cuervo no dijo nada. Siguió sentado en silencio.

—Qué lástima que una criatura
tan preciosa como tú no pueda
cantar—dijo Zorro.

Cuervo se dirigió a Zorro: —Estás
equivocado. Yo sí puedo cantar.

Entonces Cuervo empezó a cantar.
Las uvas cayeron sobre la tierra.
Triunfante, Zorro se las comió. Luego
dio la vuelta para seguir su camino.

Cuervo tenía mucho que aprender.
¡Zorro lo había engañado!

"Jamás me dejaré engañar" se
prometió Cuervo.

50

TEKS 1.21C reconocer/usar los signos de puntuación al comienzo/final de las oraciones; 1.3J decodificar palabras que tengan acento ortográfico

Fluidez

Signos de puntuación Túrnate con un compañero para leer "Zorro y Cuervo" en voz alta. Usa estas claves para leer con fluidez, como si estuvieras hablando.

Claves de puntuación

- Un punto indica el fin de una oración que cuenta.
- Los signos de interrogación encierran una pregunta.
- Los signos de admiración indican que debes leer con emoción.
- Las comas indican que debes hacer una pausa en tu lectura.

51

TEKS **1.3B** decodificar sílabas; **1.3E(1i)** decodificar palabras en contexto incluyendo sílabas abiertas; **1.11** reconocer los detalles de un texto; **CL1D** hacer inferencias /usar evidencia textual

Fonética

Palabras con io, iu, ie   Lee el párrafo. Di a cuál de los dibujos se refiere el texto.

—"Quiero batear bien fuerte" —pensó Gabriela.

Le dio a la pelota con el bate y corrió triunfante a primera base.

Mi amiga, Elia

por Carmen Santos
ilustrado por John Kurtz

Esta es mi amiga, Elia. Tiene
ocho años. Está en el tercer grado.
Yo escribí sobre Elia. Pasa las
páginas para aprender sobre Elia.

Esta es Elia cuando está lejos
de la ciudad. Empieza su día en la
sombra. No quiere quemarse. Se
sienta sobre una toalla suave y lee.

Esta es Elia cuando saca fotos.

Le gusta sacar fotos de los pájaros.

Prefiere los pájaros rojos que pían.

Esta es Elia cuando juega en
equipo. Juega varios deportes
con otros niños de su edad. Tiene
fuerza para patear la pelota. Su
equipo siempre triunfa.

Esta es Elia cuando patina.
Lleva una falda verde. Le gusta
aprender a dar vueltas en un solo
pie. Hace trucos sobre el hielo.

Esta es Elia cuando corre en
una carrera. No le gusta seguir a
nadie. Está en primer lugar. ¡Elia es
la triunfadora! Sus oídos se agrandan
58 con los gritos de los fanáticos.

Esta es Elia con una falda rosada.
Corre al centro del escenario y da
vueltas y vueltas. A ella le gusta dar
vueltas.

Esta es Elia conmigo. Nos
conocimos hace un año. ¡Ahora le
toca a Elia escribir sobre mí!

Escritura

Leamos juntos

Escribe un borrador de un cuento Piensa en un amigo o una amiga. ¿Qué le gusta hacer?

Escribe un cuento acerca de tu amigo. Usa adjetivos para describirlo. Luego, muestra tu trabajo a un compañero.

Recuerda Para escribir el nombre de tu amigo o amiga, debes empezar con una letra mayúscula.

Fonética

Palabras con ai, ay, au, oi, oy

Lee cada palabra. Señala el dibujo correspondiente. Luego, vuelve a leer las palabras y señala los diptongos.

bailarina	boina	jaula
paisaje	automóvil	flauta

Los hogares de los animales

por Louise Tidd

Este libro trata de los hogares de los animales. Cada hogar puede estar en el campo o en la ciudad. Visitemos un hogar para insectos.

Estos insectos negros y amarillos son abejas. Viven juntos en una colmena. Esta colmena tiene un agujero que las abejas usan para entrar y salir.

Cada colmena tiene una abeja
reina. Las abejas le dan de comer
a la reina. El trabajo de la reina es
poner huevos. Muchísimas abejas van
a nacer en esta colmena.

Las cuevas grandes son buenos hogares para los murciélagos. Los murciélagos duermen a lo largo del día en la cueva. Ellos agarran las grietas en el techo con sus patas traseras. Duermen boca abajo.

Los murciélagos vuelan cuando
está oscuro. Pueden oír mejor de lo
que ven. Sus chillidos los ayudan a
saber dónde puede volar. Aunque se
la pasan en el aire, no suelen chocar
con nada.

Esta criatura linda es un conejo. Los conejos cavan para hacer sus propios hogares. Viven juntos en un hueco que se llama madriguera. Allí duermen y descansan.

Los conejos duermen por la
noche. Al amanecer, salen con
cautela a comer. Si hay peligro, un
conejo patea la tierra para que los
demás oigan. Los conejos regresan
rápidamente a la madriguera.

La colmena es el hogar de las abejas. La cueva es el hogar de los murciélagos. La madriguera es el hogar de los conejos. ¿De quién será este hogar? ¿Será de un niño? Lo voy a averiguar.

TEKS 1.5 leer en voz alta con expresión/fraseo apropiado/comprensión; **1.6D** identificar/clasificar palabras; **1.29** seguir reglas onversacionales

Fluidez

Leamos juntos

Palabras de uso frecuente

Lee estas palabras:

a lo largo juntos nada niño

Escribe las palabras
en tarjetas y léelas
con un compañero.
Luego, túrnate con tu
compañero para leer
en voz alta "Los hogares de los
animales". Lee cuidadosamente
cada palabra.

TEKS **1.5** leer en voz alta con expresión/fraseo apropiado/comprensión; **1.6D** identificar/clasificar palabras

Fonética

Palabras con ai, ay, au, oi, oy

Lee las oraciones. Di qué dibujo se relaciona con cada oración. Señala y lee las palabras con los diptongos **ai**, **ay**, **au**, **oi**, **oy**.

1. Vamos a hacer un pastel.

2. Hoy hicimos una fila para conocer al autor.

3. ¡No hay ningún perro más listo que Mauri!

Dos cocineros

por Gretchen Nguyen
ilustrado por Laura Rader

Hoy mamá está en la ciudad y
va a llegar tarde. Voy a cocinar con
mi papá. Vamos a comenzar con un
buen plan.

73

Miramos en el refrigerador.
Hay huevos, jamón, queso y leche.
Podemos usar estos ingredientes.

Sacamos los ingredientes. Luego
sacamos platos, tenedores y una
sartén. Todavía no podemos cocinar.

Papá me da el libro de cocina de
Mamá. Seguiremos las pautas para
cocinar. Miramos la página que nos
dice cómo preparar los huevos.

El autor explica que debemos
usar huevos, leche, jamón y queso.
—¡Qué coincidencia! —digo—.
Tenemos todo.

Mezclo los huevos y la leche. Papá corta el jamón y el queso. Luego los agrego a los huevos. Papá calentará los huevos, el jamón y el queso juntos en una sartén.

Justo en ese momento, Mamá
entra y siente el olor en el aire.

—¡La comida huele muy bien!
¿Qué es? —pregunta—. ¿Puedo
verla?

—Siéntate y te la servimos —
digo—. Entonces la verás.

Mamá se ríe y se sienta.

—Se ganaron el premio.

¡Tú y Papá son buenos cocineros!

—dice Mamá.

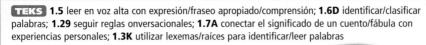**TEKS** 1.5 leer en voz alta con expresión/fraseo apropiado/comprensión; **1.6D** identificar/clasificar palabras; **1.29** seguir reglas onversacionales; **1.7A** conectar el significado de un cuento/fábula con experiencias personales; **1.3K** utilizar lexemas/raíces para identificar/leer palabras

Enlaces Leamos juntos

Comparte   Piensa en una comida que te gustaría preparar. ¿Qué ingredientes usarías? ¿Cómo sería su sabor? ¿Y su aroma?

Conversa con un compañero acerca de la comida que prepararías. Cuando hable tu compañero, escúchalo con atención.

Fonética

Palabras con ai, ay, au, oi, oy

Lee las oraciones. Di qué dibujo se relaciona con cada oración. Luego, vuelve a leer las oraciones. Señala y lee las palabras con los diptongos.

1. Todos coinciden en que mi conejo Zoilo y mi gato Jaime son bonitos.

2. Hoy voy a pintar con mi lápiz amarillo.

3. Voy a guardar la escalera para que no se caiga.

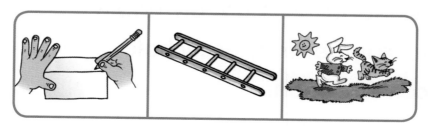

Grandes
problemas

por Jackson Prescott

ilustrado por Shari Halpern

Jaime es un niño. Tiene una
perrita que se llama Boina. Boina
ha causado problemas desde que
era cachorra.

Un día, Jaime notó que Boina ya
era demasiado grande para su cama.

—¡Ay! Boina, necesitas una cama
más grande —dijo Jaime—. Te voy a
hacer una cama más grande.

Jaime le dio a Boina unas
almohadas amarillas. ¿Le gustó a
Boina su nueva cama? Sí, le gustó.
Era suave y cómoda. Mejor aun,
era grande.

Mientras Boina crecía, sus
problemas aumentaban. Ya era difícil
pasear a Boina.

—Otra vez con un problema —
dijo Jaime—. ¿Qué voy a hacer?

Entonces, Jaime decidió montar,
no pasear, a Boina. ¿Le gustó esto
a Boina? Sí, le gustó, y a Jaime,
también.

—Ya no hay problema —dijo Jaime.

Boina creció más y sus problemas aumentaron aun más. Cuando se paraba, levantaba su casita. Ya no cabía.

—Necesitas una casa más grande —dijo Jaime.

—Podemos hacer una casa
grande para Boina —dijo Papá.

Entonces Jaime, Laura y su papá
hicieron una casa para Boina.

Ahora, Boina y Jaime caben en
la casa. A Boina le gusta. A Jaime
también. A ambos les gusta estar
juntos.

—¡Triunfamos! —dice Jaime—.
¡Ya no hay problema!

TEKS **1.5** leer en voz alta con expresión/fraseo apropiado/comprensión; **1.9A** describir la trama/volver a contar los eventos de una historia; **1.14B** identificar hechos/detalles importantes; **1.28** compartir información/ideas hablando audiblemente

Cuenta de nuevo

Leamos juntos

Trama En el cuento "Grandes problemas", Jaime y Boina tienen un problema y lo resuelven de tres maneras.

Conversa con un compañero acerca del problema y las tres soluciones.

TEKS 1.3H decodificar palabras que tengan los mismos sonidos; **1.3I** identificar la sílaba acentuada; **1.22D(1v)** familiarizarse con palabras que tienen el mismo sonido

Fonética

Palabras con ei, ey, ui, uy

Lee cada palabra y subraya los diptongos **ei**, **ey**, **ui** o **uy**.

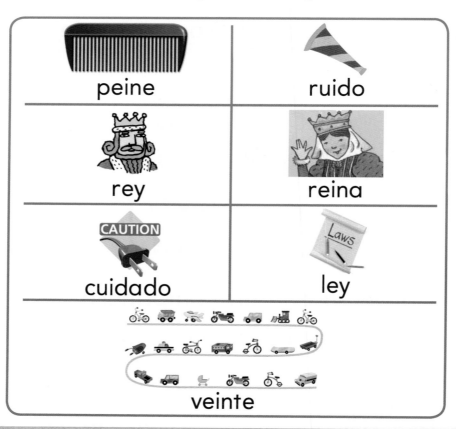

peine	ruido
rey	reina
cuidado	ley
veinte	

92

El diente de Jaime

por Paul Giuliano

ilustrado por Sachiko Yoshikawa

Jaime se peina. Su diente se siente raro. Jaime toca el diente con cuidado. Su diente está flojo. Se mueve hacia delante y hacia atrás.

Debajo del agua hay plantas.
A Jaime le gusta comer esas
plantas. Se mete al agua y ve a
los peces huir.

Jaime tuvo que tomar una clase
para bucear. Ahora bucea y saca
las plantas con una pala. ¡Uy! La
comida de Jaime está mojada.

El diente de Jaime está flojo.
Ahora Jaime no puede masticar
su comida porque su diente podría
aflojarse aun más. Hoy, Jaime tiene
un nuevo plan.

Jaime lleva su comida a la casa.
Sabe lo que tiene que hacer. Si no
puede masticar, entonces hará un
licuado. Ese es su plan.

Jaime agrega seis plantas y una
flor. La mezcla de plantas y flores
crea un líquido verde. El líquido es
muy espeso.

Jaime también le agrega leche.
El licuado verde está listo. Jaime lo
puede beber. ¡No tiene que masticar!

A Jaime le encanta su
nuevo licuado.

—¡Soy el rey de la cocina!
—exclama para que lo oigan.

TEKS **1.22D(1ii)** familiarizarse con palabras que contienen una /r/ suave; **1.6A** identificar verbos/ sustantivos; **1.29** seguir reglas conversacionales

Vocabulario

Leamos juntos

Palabras de acción

peinarse   comer   bucear

masticar   agregar   beber

Represéntalo   Con un compañero, escribe cada palabra en una tarjeta. Elige una tarjeta y representa la acción que nombra la palabra. Intenta que tu compañero adivine la palabra. Luego, pide a tu compañero que represente otra palabra para que tú la adivines.

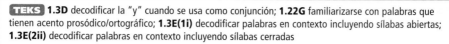 **TEKS** **1.3D** decodificar la "y" cuando se usa como conjunción; **1.22G** familiarizarse con palabras que tienen acento prosódico/ortográfico; **1.3E(1i)** decodificar palabras en contexto incluyendo sílabas abiertas; **1.3E(2ii)** decodificar palabras en contexto incluyendo sílabas cerradas

Fonética

Palabras con ei, ey, ui, uy Lee el párrafo. Subraya las palabras con los diptongos **ei**, **ey**, **ui** o **uy**. Vuelve a leer esas palabras.

La planta de Luisa es muy bonita. Luisa la cuida y la riega todos los días del mes. ¡Pronto su planta tendrá veinte flores!

Todo sobre la Luna

por James Franklin

Hoy aprenderás sobre la Luna en tu clase. Esta es la Luna. Podemos ver la Luna de noche. A veces la Luna está ausente de día. A veces podemos verla de día.

Esta es la Luna llena. Podría parecer blanca. Podría parecer dorada, como la corona de un rey. Podría parecer roja. Blanca, dorada o roja, la Luna llena es muy bonita.

Esta es la Luna creciente. Parece que hay solo un trocito de la Luna. La Luna creciente es solo la parte de la Luna que está iluminada en ese momento.

Esta tabla muestra cómo se ve la Luna. La tabla tiene veintinueve días. Empieza con la Luna nueva en el día uno. Muestra la Luna llena en el día catorce.

Algunos cuadros muestran cómo
los pintores se imaginan la Luna.
Mira con cuidado este paisaje.
El pintor agregó algo a la Luna.

Este cuadro también muestra la
Luna. La Luna brilla en este lugar.
La Luna brilla sobre la tierra y los
árboles. Los árboles resplandecen
con la luz de la Luna.

¡Qué coincidencia! Este cuadro
también muestra la Luna. La
Luna brilla sobre el agua. El agua
resplandece con la luz de la Luna.

Canto a la Luna

A la Luna quiero huir.
Tú, también, podrías venir.
¿Estará hecha de queso,
roca, hielo o de yeso?

TEKS 1.5 leer en voz alta con expresión/fraseo apropiado/comprensión; **1.7A** conectar el significado de un cuento/fábula con experiencias personales; **1.8** responder a/usar ritmo/rima/aliteración en poesía

Poemas

Canto a la Luna Piensa en la Luna y en cómo te hace sentir. Escribe un poema acerca de ella.

Recuerda

- Puedes encontrar palabras interesantes acerca de la Luna en el texto "Todo sobre la Luna".

- Intenta usar palabras que riman.

Fonética

Palabras con ia, ua, ue Lee la rima. Luego, vuelve a leer las palabras que tienen los diptongos **ei**, **ey**, **ui** o **uy**.

El nuevo rey
dictó una ley:
Con mucho cuidado,
por todo el Estado,
mandó construir
montañas de helados.

Luisa Listada y Aurelio Azulado

por Kate Pistone

ilustrado por Paulette Bogan

Luisa Listada es una mula.
Aurelio Azulado también. Los dos
viven en una loma donde la hierba
es muy abundante.

113

Un día, soplaba el aire frío.

—¡Uy! Hoy el aire está muy frío
—dijo Luisa Listada. Aurelio Azulado
no dijo nada. Siguió comiéndose la
hierba cerca de una flor.

—Debemos ir a un lugar cálido. Oigo que en Monterrey hace calor —dijo Luisa.

Aurelio Azulado no quería ningún pleito. Así que dijo: Estoy listo para salir.

Luisa Listada y Aurelio Azulado
se metieron en un bote. Aurelio
remaba. Luisa iba sentada como una
reina. Ambos sabían sujetarse.

—¡Tierra! —exclamó Luisa Listada.

—Espero que haya mucha hierba —dijo Aurelio Azulado—. No quiero pelear con ningún buey por mi comida.

—El aire está cálido en esta
duna —dijo Luisa Listada.

—Sí, pero necesito comida
—dijo Aurelio Azulado—. Voy a
buscar hierba.

—Sí —dijo Luisa Listada—
.¡Vamos!

Luisa Listada no encontró hierba.

—¡Ay, qué hambre! —dijo Luisa—.
Quiero huir de este lugar.

Aurelio Azulado tenía un plan.

—Vamos a regresar a nuestra
loma —dijo Aurelio—. Allí comeré
como un rey.

Ahora Luisa Listada y Aurelio
Azulado están calentitos y satisfechos.
Ninguno hace ruido. Solo comen muy
contentos.

Palabras

Leamos juntos

Palabras de uso frecuente Con un compañero, escribe cada una de estas palabras en dos tarjetas:

cálido flor lugar

listo sujetarse también

Memoria Coloca las tarjetas boca abajo sobre una mesa. Túrnate con un compañero para elegir dos tarjetas y leer las palabras. Si las palabras coinciden, guárdalas. Si no, vuelve a colocarlas en su lugar. ¿Quién encontrará más pares de tarjetas iguales?

Fonética

Palabras terminadas en –ito, –ita, –ado, –ada Lee las palabras de las nubecitas. Presta atención a los últimos sonidos de cada palabra. Repite las palabras que riman.

ratoncito   pollito

sentada

dorada

helada

lomita

animalito

vaquita

Hay fiesta en la granja

por Siri Hansen

Esta granja está lejos de la ciudad. Puede que tu animal favorito viva en esta granja. Hoy hay fiesta en la granja. Ven a ver cada animalito que vive aquí.

Esta yegua marrón con patas blancas se ha trepado a una lomita. Su potro está con ella. Su potro está creciendo.

Esta vaca está sentada con su vaquita en la hierba dorada. Ambas son marrones y blancas. Su vaquita está creciendo.

Este bonito ratoncito corre por el suelo. Este ratoncito entra con cuidado al granero. Se lleva cada trocito de comida que encuentra en el granero.

Este búho es el rey del granero.
El ratoncito huirá si ve el búho. Los
búhos mantienen los ratones fuera de
los graneros.

Mira esta mamá cerda. Está muy orgullosa de su familia de cerditos. Olfatea la hierba con su hocico. Dentro de poco, los cerditos serán muy gorditos como su mamá.

Esta mamá oveja necesita un peine. ¡La lana de la mamá oveja es gruesa y suave! Dentro de poco, su ovejita tendrá lana gruesa y suave. Dejará de sentirse helada.

Esta gallina está con sus pollitos.
Por el momento, cada pollito se
mantiene a su lado.

Hoy hay fiesta en la granja. ¡Ven
a ver cada animalito y su familia!

TEKS **1.1F** identificar la información que proporcionan las partes de un libro; **1.4B** hacer preguntas/ buscar clarificación/localizar hechos y detalles sobre los textos; **1.10** distinguir las historias verdaderas de las ficticias

Clases de libros

Leamos juntos

No ficción o fantasía Si una lectura da información acerca de animales reales, es un texto de no ficción. Si los animales de la lectura hacen cosas que los animales reales no pueden hacer, es un cuento de fantasía.

Escribe Trabaja con un compañero para determinar si "Hay fiesta en la granja" es un texto de no ficción o un cuento de fantasía. Escribe algunas oraciones para justificar tu respuesta.

TEKS 1.22C mezclar fonemas para formar sílabas/palabras; **1.2B** reconocer cambios al cambiar/agregar/omitir/sacar un fonema/sílaba; **CL1D** hacer inferencias /usar evidencia textual

Fonética

Palabras terminadas en –ito, –ita, –ado, –ada Lee cada pista. Di a qué dibujo se refiere cada oración.

1. Esto fue usado por un payaso.

2. Esto cae cuando está nublado y llueve.

3. Esto nos lo dan las vaquitas.

4. Esto deja encantadas a las abejitas.

132

La vocecita de Anita

por Eileen Brady
ilustrado por Tim Bowers

La vocecita de Anita era fuerte.
Cuando estaba afuera, hablaba
muy alto.

La vocecita de Anita también
era dulce. Cuando estaba
adentro, hablaba muy bajo. Anita
cambiaba su vocecita cuando
estaba adentro o afuera.

A veces, a Anita se le olvidaba
dónde estaba. En casa, su mamá le
decía, muy frustrada: Recuerda que
estás adentro, Anita. Tu hermanito
necesita dormir.

En la escuela, la señorita
Machado le decía, muy enojada:
—Recuerda que estás adentro,
Anita. ¿Cómo podemos leer con tanto
ruido? Por favor, baja la voz un poquito.

La semana pasada, Anita estaba
jugando béisbol. El equipo de su
escuela jugaba contra otro equipo de
la ciudad. Al otro equipo le tocaba
batear. Kati abanicó y le dio duro a
la pelota. Fue un gran batazo.

Anita le gritó lo más alto que
pudo a Luisito: —¡Mira hacia arriba,
Luisito! ¡Mira hacia arriba!

La vocecita de Anita llenó el
parque. ¿La habrá escuchado Luisito?

Allá, muy a lo lejos, Luisito oyó
a Anita. Luisito miró hacia arriba
inmediatamente. Corrió y agarró la
pelota justo a tiempo. ¡El equipo de
Anita ganó el partido!

Después del partido hubo una
gran fiesta. Luisito y Anita fueron el
rey y la reina de la fiesta.

—¡Me alegra que mi vocecita nos
haya ayudado a ganar! —exclamó
Anita. Después dijo muy bajito: Nos
ayudó muchísimo.

TEKS **1.6A** identificar verbos/sustantivos; **1.20A(1)** comprender/utilizar verbos (pasado/presente/futuro) del modo indicativo; **1.20A(2)** comprender/utilizar sustantivos (singulares/plurales, comunes/propios)

Palabras

Acciones y cosas Algunas palabras, como **dar**, nombran acciones. Otras palabras, como **pelota**, nombran cosas. Lee estas palabras:

batear   escuela   leer   casa   dormir

Copia esta tabla:

Acciones	Cosas

Usa la tabla para clasificar las palabras del recuadro. Agrega más palabras a cada columna.

Fonética

Palabras terminadas en -ito, -ita, -ado, -ada   Lee las palabras. Repite las palabras que riman en cada fila.

pececito	encantado	sillita
ganado	sentado	amiguito
mesita	amada	casita
dorado	perrito	parado

El juguete de Juanito

por Eileen Brady • ilustrado por Steve Parton

Todos los días, Juanito ponía
monedas en su jarrito de plástico.
Juanito estaría contento cuando
su jarrito se llenara de monedas.
Pronto, Juanito podría comprar un
juguete nuevo.

De noche, Juanito soñaba con
juguetes. En sus sueños, veía filas
y filas de juguetes. En cada fila
había un carrito, una muñequita o
un avioncito.

Un día, Juanito puso siete
monedas en su jarrito. Ya no cabía
ni una moneda más.

—¡He llenado mi jarrito! —
exclamó Juanito, entusiasmado.

Juanito sacó las monedas de su
jarrito. Papá lo ayudó a contar las
monedas.

—Vamos a la juguetería de la
ciudad ahora mismo. ¿Sabes lo que
quieres comprar? —preguntó Papá.

—No, pero lo sabré cuando lo
vea —dijo Juanito.

Papá y Juanito entraron en la juguetería de la ciudad. Desde la entrada, Juanito vio filas de juguetes. Parecía un sueño encantado. Manuelito les mostró juguetes. Señaló un tren de juguete que jalaba un vagón cargado. Juanito vio trenes, trenes y más trenes.

Luego, Manuelito señaló un
botecito de juguete.

    —Este botecito puede navegar
en un estanque —dijo Manuelito—.
Es muy divertido. Con este juguete
serás el rey de la escuela.

Juanito vio un peluche marrón con garras negras. Lo señaló.

—Por favor —dijo Juanito—. ¡Lo he encontrado! Voy a comprar este juguete.

—Este es el juguete perfecto
—dijo Juanito—. ¡Es mejor que el
peluche de mi amigo Luis!

—Es una buena elección —dijo
Papá—. Vamos a comprar ese. Pero
no quiero que formes ningún pleito
con Luis.

Enlaces

Leamos juntos

Enlaces Haz una lista de los juguetes que te gustaría comprar con tus ahorros. Encierra en un círculo el que elegirías primero. Luego, explica a un compañero por qué elegirías ese juguete.

Recuerda Cuando hablas con tu compañero, debes seguir las reglas de conversación de tu

clase. Asegúrate de no cambiar de tema y de escuchar atentamente a tu compañero.

TEKS **1.2E** identificar sílabas en palabras habladas; **1.3B** decodificar sílabas; **1.3E(5i)** decodificar palabras por separado incluyendo sílabas abiertas; **1.3E(6ii)** decodificar palabras por separado incluyendo sílabas cerradas

Fonética

Lee para repasar Usa lo que sabes sobre los sonidos y las letras para leer las palabras.

Palabras con ia

piano	liviano	radiante	hacia
diario	viaje	magia	material

Palabras con ua

agua	adecuada	igual	guardan
actuar	cuatro	estatua	cuando

Palabras con ue

fuera	puedo	abuela	fuerza
nuestro	suelo	bueno	huevo

TEKS **1.2E** identificar sílabas en palabras habladas; **1.3B** decodificar sílabas; **1.3E(5i)** decodificar palabras por separado incluyendo sílabas abiertas; **1.3E(6ii)** decodificar palabras por separado incluyendo sílabas cerradas

Fonética

Lee para repasar Usa lo que sabes sobre los sonidos y las letras para leer las palabras.

Palabras con io

dio	sucio	aprendió	silencio
vio	escenario	varios	propio

Palabras con iu

triunfo	diurno	multiuso	triunfar

Palabras con ie

pierna	diente	hielo	cielo
mientras	viene	pie	miedo

TEKS **1.2E** identificar sílabas en palabras habladas; **1.3B** decodificar sílabas; **1.3E(5i)** decodificar palabras por separado incluyendo sílabas abiertas; **1.3E(6ii)** decodificar palabras por separado incluyendo sílabas cerradas

Fonética

Lee para repasar Usa lo que sabes sobre los sonidos y las letras para leer las palabras.

Palabras con ai, ay

baila   vaina   aire

hay   paisaje

Palabras com au

aumenta   aun   causa

cautela   pauta

Palabras con oi, oy

hoy   doy   boina

soy   voy

TEKS **1.2E** identificar sílabas en palabras habladas; **1.3B** decodificar sílabas; **1.3E(5i)** decodificar palabras por separado incluyendo sílabas abiertas; **1.3E(6ii)** decodificar palabras por separado incluyendo sílabas cerradas

Fonética

Lee para repasar Usa lo que sabes sobre los sonidos y las letras para leer las palabras.

Palabras con ei, ey

rey   reina

peine   veinte

Palabras con ui, uy

ruido   cuidado

uy   muy

Fonética

Lee para repasar Usa lo que sabes sobre los sonidos y las letras para leer las palabras.

Palabras terminadas en –ito, –ita

patito, vocecita, amiguita, librito, pollito, vaquita

Palabras terminadas en –ado, –ada

helado, sentada, dorada, entusiasmado, soleado, cargado

Fonética

Forma y lee palabras Combina las sílabas y lee las palabras.

| via | je | a | gua | fue | go |

| vio | lín | triun | fo | pier | na |

| bai | le | pau | sa | boi | na |

| rei | na | pei | ne | vein | te |

| cui | da | do | cons | truir | rui | do |

| ca | si | ta | can | sa | do |

| ro | sa | da |

157

Listas de palabras

Para usar con
El árbol

SEMANA 1

En la costa

página 2

Palabras decodificables

Destreza clave: Diptongos **ia**, **ua**, **ue**: abuela, agua, buen, criatura, después, encuentra, encuentran, especial, guardan, nuevas, puede, suelo, Tania, viajar

Palabras con destrezas enseñadas anteriormente: a, acercan, al, arena, asomar, aves, busca, buscar, cangrejo, casa, cava, cercas, comida, concha, costa, crías, de, decir, duna, el, en, esta, están, estrella, gusta, habitar, hasta, la, las, le, lejos, Leo, Mamá, marinero, más, mojada, muchas, nazcan, nido, no, olas, pasean, paseo, pisar, podría, poema, que, recita, regresar, se, ser, su, tener, toalla, trae, un, una, va, van, ve, vive

Palabras de uso frecuente

Nuevas: árbol, mejor, ventana, ver, volverse

Enseñadas anteriormente: es, crecer, donde, mar, mirar, noche, para, por, sobre, y

El papel de Juan
página 12

Palabras decodificables
Destreza clave: Diptongos **ia**, **ua**, **ue**: actuaré, cuando, cuatro, Diana, escuela, especial, fue, fuerte, fuerza, hacia, Juan, nuestros, puedes, suelo

Palabras con destrezas enseñadas anteriormente: a, aprender, así, bicicleta, brazo, caerse, capa, capas, cinco, como, cómo, con, creo, de, detrás, diálogo, difícil, dijo, dolía, dolor, el, entonces, era, escribir, evitar, gato, gritó, había, héroe, Joaquín, la, ladraremos, ladrido, lastimado, le, lo, llevaba, llevaremos, mano, marcharemos, marcharon, máscara, máscaras, médico, mi, montaba, muñeca, niños, obra, papel, papeles, paró, parte, pensó, perrito, practicaba, practicar, pudo, puso, que, reconocer, reconozco, representaremos, representas, saltó, serás, si, sonrisa, tarima, teatro, tenía, todo, tuvo, vas, yeso, yo

Palabras de uso frecuente
Nuevas: árbol, mejor, noche, ver

Enseñadas anteriormente: al, cuál, desde, en, hacer, izquierda, leer, mamá, no, para, porque, preguntó, tengo, tu, un, una, y

Correr y correr
página 22

Palabras decodificables
Destreza clave: Diptongos **ia**, **ua**, **ue**: adecuada, agua, bueno, cuando, después, especial, fue, fueron, igual, Manuel, nueva, nuevo, supuesto

Palabras con destrezas enseñadas anteriormente: a, así, atleta, cachorros, carrera, compras, compró, con, contento, correr, correré, corría, de, decía, del, deseaba, desearía, deseas, dijo, divertida, el, él, esperaba, esperamos, gritó, hasta, héroes, Joana, la, le, letrero, lo, loco, llevaba, más, mayor, me, miraba, orilla, padres, papá, participar, pensar, puso, que, realmente, ropa, se, sea, si, su, semana, ser, seré, vamos, vitorear, volvería

Palabras de uso frecuente
Nuevas: árbol, mejor, noche, ventana, ver

Enseñadas anteriormente: cada, fin, leer, mamá, para, pero, por, preguntó, qué, una, y

Mira los pájaros

página 32

Palabras decodificables

Destreza clave: Diptongos **io**, **iu**, **ie**: ciudad, hierba, invierno, melodioso, nieve, principios, propio, quiebra, sienta, sienten, silencio, tiene, triunfa

Palabras con destrezas enseñadas anteriormente: a, animan, bonito, canto, cascarón, come, cómodas, con, crías, cuando, de, del, difícil, el, encontrar, encontrará, encuentra, están, estos, fuera, gorjea, ha, hecho, huevos, la, las, les, los, lodo, llena, madre, menos, mira, nada, nido, otoño, pájaro, parecerse, pasará, peligro, piar, pío, posado, primera, propias, puede, que, rama, ramitas, se, su, sus, tener, trae, va

Palabras de uso frecuente

Nuevas: año, aprender, cría, empezar, hasta, joven

Enseñadas anteriormente: ahora, árbol, bajo, comida, cuatro, dentro, en, es, está, este, hacer, luego, mamá, mucha, no, pero, primavera, tiene, todavía, un, una, ver, y

Zorro y Cuervo

página 42

Palabras decodificables

Destreza clave: Diptongos **io**, **iu**, **ie**: bien, dio, dirigió, hambriento, preciosa, prometió, respondió, siguió, silencio, tierra, triunfante, vio, volvió

Palabras con destrezas enseñadas anteriormente: a, abajo, abedul, agarró, ave, caer, camino, cantar, cayeron, comido, comió, como, cómo, con, criatura, Cuervo, de, dejar, dejaré, deje, dijo, el, empezó, engañado, engañar, entonces, equivocado, eres, esa, espalda, estaban, estás, fue, gustaban, había, hable, haré, jamás, la, las, le, lástima, listo, lo, llamas, llegó, me, mucho, nada, parecía, pico, posado, pueda, puedo, que, quería, racimo, rama, se, sentado, sí, su, sus, tan, tenía, todo, tú, uvas, vuelta, yo, zorro

Palabras de uso frecuente

Nuevas: año, aprender, hasta, seguir

Enseñadas anteriormente: al, árbol, donde, en, estaba, luego, muy, no, para, preguntó, qué, sobre, un, una, y

Mi amiga, Elia

página 52

Palabras decodificables

Destreza clave: Diptongos **io**, **iu**, **ie***: ciudad, empieza, escenario, hielo, nadie, pie, prefiere, quiere, siempre, sienta, tiene, triunfa, triunfadora, varios

Palabras con destrezas enseñadas anteriormente: a, amiga, años, carrera, centro, con, conmigo, conocimos, corre, cuando, da, dar, de, deportes, del, edad, el, Elia, ella, equipo, escribí, escribir, falda, fotos, grado, gusta, hace, juega, la, las, le, lee, lejos, los, lugar, lleva, mi, mí, niños, páginas, pájaros, pasa, patina, pían, primer, que, quemarse, rojos, rosada, saca, sacar, se, solo, sombra, su, suave, tercer, toalla, toca, trucos, verde, vueltas, yo

Palabras de uso frecuente

Nuevas: año, aprender, ocho, seguir

Enseñadas anteriormente: ahora, al, día, en, es, esta, está, nadie, no, nos, otros, para, sobre, tiene, un, una, y

161

Los hogares de los animales

Palabras decodificables
Destreza clave: Diptongos **ai**, **ay**, **au**, **oi** y **oy**: aire,
aunque, cautela, hay, oigan, voy

Palabras con destrezas enseñadas anteriormente:
a, abajo, abeja, abejas, agarran, agujero, allí,
amanecer, amarillos, animales, averiguar, ayudan,
boca, buenos, campo, cavan, ciudad, colmena,
comer, con, conejo, conejos, chillidos, chocar,
criatura, cuando, cueva, cuevas, dan, de, del,
demás, descansan, duermen, el, ellos, entrar, estar,
estos, grandes, grietas, hogar, hogares, hueco,
huevos, insectos, la, las, le, linda, lo, los, llama,
madriguera, muchísimas, murciélagos, nacer,
negros, o, oír, oscuro, pasan, patas, patea, peligro,
poner, propios, puede, pueden, que, quién,
rápidamente, regresan, reina, saber, salen, salir,
se, será, si, suelen, techo, traseras, trata, usan, van,
ven, visitemos, viven, volar

Palabras de uso frecuente
Nuevas: a lo largo, juntos, nada, niño

Enseñadas anteriormente:
al, cada, día, dónde, en, es, esta, está, este, hacer, libro, mejor, no, noche, para, por, son, sus, tiene, tierra, trabajo, un, una, vuelan, y

Dos cocineros

Palabras decodificables
Destreza clave: Diptongos **ai**, **ay**, **au**, **oi** y **oy**: aire,
autor, coincidencia, hay, hoy, pautas, voy

Palabras de uso frecuente
Nuevas: comenzar, juntos, papá

Dos cocineros *(continúa)*

página 72

Palabras con destrezas enseñadas anteriormente: a, agrego, bien, buen, buenos, calentará, ciudad, cocina, cocinar, cocineros, cómo, con, corta, da, de, debemos, dice, digo, dos, el, entonces, entra, ese, estos, explica, ganaron, huele, huevos, ingredientes, jamón, justo, la, las, leche, los, llegar, me, mezclo, mi, miramos, momento, olor, página, plan, platos, podemos, pregunta, premio, preparar, puedo, que, queso, refrigerador, ríe, sacamos, sartén, se, seguiremos, servimos, sienta, siéntate, siente, tarde, te, tenedores, tenemos, todo, usar, va, vamos, verás, verla

Enseñadas anteriormente: comida, en, está, libro, luego, mamá, muy, no, nos, para, qué, son, todavía, un, una, y

Grandes problemas

página 82

Palabras decodificables
Destreza clave: Diptongos **ai**, **ay**, **au**, **oi** y **oy**: aumentaban, aumentaron, aun, ay, Boina, causado, hay, Jaime, Laura, voy

Palabras con destrezas enseñadas anteriormente: a, almohadas, amarillas, ambos, caben, cabía, cachorra, cama, casita, cómoda, con, crecía, creció, cuando, decidió, demasiado, difícil, dijo, dio, entonces, estar, esto, grande, grandes, gusta, gustó, ha, hicieron, la, le, levantaba, llama, más, mientras, montar, necesitas, notó, nueva, paraba, pasear, perrita, podemos, problemas, que, se, sí, su, suave, también, te, triunfamos, unas, ya

Palabras de uso frecuente
Nuevas: casa, juntos, niño, otra vez, papá

Enseñadas anteriormente: ahora, desde, día, era, es, hacer, mejor, no, para, qué, sus, tiene, un, una, y

SEMANA 4

El diente de Jaime

página 92

Palabras decodificables

Destreza clave: Diptongos **ei**, **ey**, **ui** y **uy**: cuidado, huir, muy, peina, rey, seis, uy

Palabras con destrezas enseñadas anteriormente: a, aflojarse, agrega, atrás, aun, beber, bucea, bucear, cocina, comer, con, crea, de, debajo, del, delante, diente, el, encanta, entonces, esas, ese, espeso, exclama, flojo, flores, gusta, hacia, hará, hay, Jaime, la, las, le, leche, líquido, lo, los, lleva, más, masticar, mete, mezcla, mojada, mueve, oigan, pala, peces, plan, plantas, podría, puede, que, raro, sabe, saca, se, si, siente, soy, su, toca, tomar, tuvo, ve, verde

Palabras de uso frecuente

Nuevas: clase, flor, listo, también

Enseñadas anteriormente:agua, ahora, al, casa, comida, es, está, hacer, hoy, no, nuevo, para, porque, tiene, un, una, y

Todo sobre la Luna

página 102

Palabras decodificables

Destreza clave: Diptongos **ei**, **ey**, **ui** y **uy**: cuidado, huir, ley, muy, veintinueve

Palabras con destrezas enseñadas anteriormente: a, agregó, algo, algunos, aprenderás, árboles, ausente, blanca, bonita, brilla, canto, catorce, coincidencia, como, cómo, con, corona, creciente, cuadros, de, días, dorada, el, empieza, ese, estará, hay, hecho, hielo, iluminada, imaginan, la, los, Luna, luz, llena, mira, momento, muestra, muestran, nueva, paisaje, parece, parecer, parte, pintor, pintores, podemos, podría, podrías, que, queso, quiero, resplandece, resplandecen, roca, roja, solo, se, tabla, trocito, todo, tú, uno, venir, ve, ver, verla, yeso

Palabras de uso frecuente

Nuevas: clase, lugar, también

Enseñadas anteriormente: a veces, agua, día, en, es, esta, está, este, hoy, noche, qué, sobre, tiene, tierra, tu, un, y

Luisa Listada y Aurelio Azulado

página 112

Palabras decodificables

Destreza clave: Diptongos **ei**, **ey**, **ui** y **uy**: buey, huir, Luisa, Monterrey, muy, pleito, reina, rey, ruido, uy

Palabras con destrezas enseñadas anteriormente:
a, abundante, aire, allí, ambos, así, Aurelio, ay, Azulado, bote, buscar, calentitos, calor, cerca, comen, comeré, comiéndose, como, con, contentos, de, debemos, dijo, dos, duna, el, encontró, espero, están, estoy, exclamó, hace, hambre, haya, hierba, iba, la, Listada, loma, los, metieron, mi, mula, necesito, ningún, ninguno, nuestra, oigo, pelear, plan, que, quería, quiero, regresar, remaba, sabían, salir, satisfechos, se, sentada, sí, siguió, solo, soplaba, tenía, vamos, viven, voy

Palabras de uso frecuente

Nuevas: cálido, flor, listo, lugar, sujetarse, también

Enseñadas anteriormente:
ahora, comida, día, donde, en, es, está, este, frío, hace, hoy, ir, mucha, nada, no, para, pero, por, qué, tierra, un, una, y

Hay fiesta en la granja

página 122

Palabras decodificables

Destreza clave: Sufijos **–ito**, **–ita**, **–ado** y **–ada**: animalito, cerditos, dorada, gorditos, helada, lomita, ovejita, pollito, pollitos, ratoncito, sentada, trepado, trocito, vaquita

Palabras con destrezas enseñadas anteriormente: a, ambas, blancas, bonito, búho, búhos, cerda, como, con, corre, creciendo, cuidado, de, dejará, del, el, ella, encuentra, entra, favorito, fuera, gallina, granero, graneros, granja, gruesa, ha, hay, hierba, huirá, la, lado, lana, lejos, los, lleva, mantiene, mantienen, marrón, marrones, mira, momento, morro, necesita, olfatea, orgullosa, oveja, patas, peine, poco, potro, puede, que, ratones, rey, se, sentirse, serán, si, su, suave, tendrá, vaca, ve, ven, ver, viva, vive, yegua

Palabras de uso frecuente

Nuevas: ciudad, familia, fiesta

Enseñadas anteriormente: al, animal, aquí, cada, comida, dentro, en, es, esta, está, este, hoy, mamá, muy, por, son, suelo, sus, tu, una, y

La vocecita de Anita

página 132

Palabras decodificables

Destreza clave: Sufijos **–ito**, **–ita**, **–ado** y **–ada**: Anita, ayudado, bajito, enojada, escuchado, frustrada, hermanito, Luisito, pasada, poquito, señorita, vocecita

Palabras de uso frecuente

Nuevas: ciudad, escuela, fiesta, por favor

La vocecita de Anita *(continúa)*   página 132

Palabras con destrezas enseñadas anteriormente:
a, abanicó, adentro, afuera, agarró, alegra,
allá, alto, arriba, ayudó, baja, bajo, batazo,
batear, béisbol, cambiaba, cómo, con, contra,
corrió, cuando, de, decía, del, dijo, dio, dónde,
dormir, dulce, duro, el, equipo, estaba, estás,
exclamó, fue, fueron, fuerte, ganar, ganó,
gran, gritó, hablaba, habrá, hacia, haya, hubo,
inmediatamente, jugaba, jugando, justo, Kati,
la, le, lejos, lo, llenó, Machado, más, me, mi,
mira, miró, muchísimo, necesita, o, olvidaba,
otro, oyó, parque, partido, pelota, podemos,
pudo, que, recuerda, reina, rey, ruido, semana,
se, su, tanto, tiempo, tocaba, voz

Enseñadas anteriormente: a
veces, al, casa, después, en,
era, estaba, leer, mamá, muy,
nos, también, tu, un, una, y

El juguete de Juanito   página 142

Palabras decodificables
Destreza clave: Sufijos **–ito**, **–ita**, **–ado** y **–ada**:
avioncito, botecito, cargado, carrito, encantado,
encontrado, entrada, entusiasmado, jarrito,
Juanito, llenado, Manuelito, muñequita

Palabras con destrezas enseñadas anteriormente:
a, ayudó, buena, cabía, con, contar, contento,
cuando, de, días, dijo, el, elección, entraron,
ese, estanque, estaría, exclamó, fila, filas,
formes, garras, había, he, jalaba, juguete,
juguetería, juguetes, la, las, les, lo, los, Luis,
llenara, marrón, más, mi, mismo, monedas,
mostró, navegar, negras, ni, ningún, o, parecía,
peluche, perfecto, plástico, pleito, podría, ponía,
puede, puso, que, quieres, quiero, rey, sabes,
sabré, sacó, se, señaló, serás, soñaba, su, sueño,
sueños, todos, tren, trenes, vagón, vamos, vea,
veía, vio, voy, ya

Palabras de uso frecuente
Nuevas: ciudad, comprar,
escuela, por favor, siete

Enseñadas anteriormente:
ahora, amigo, cada, desde,
día, divertido, en, es, este,
luego, mejor, muy, no, noche,
nuevo, papá, pero, preguntó,
pronto, sus, un, una, y